LE CÉLÈBRE MINA

FAISANT SORTIR L'ESPAGNE

DU CAPUCHON.

LE CELÈBRE MINA

FAISANT SORTIR L'ESPAGNE

DU CAPUCHON.

PAR

Joseph Lejour (de Prangey),

OFFICIER DE LA GRANDE-ARMÉE,

AUTEUR DU CROQUIS HISTORIQUE TOUCHANT L'ÉPOQUE ACTUELLE.

En France la révolution y a été faite
par les hommes,
Et en Espagne, la révolution devait
y faire les hommes ! ! !

PREMIÈRE ÉDITION.

Prix : 3 fr.

PARIS.
CHEZ L'AUTEUR,

RUE DE LA PAIX, Nº 13,

ET CHEZ LES MARCHANDS DE NOUVEAUTÉS,

24 septembre 1830.

LE CÉLÈBRE MINA

DU CAPUCHON.

PREMIÈRE PARTIE.

En proie aux préjugés des moines qui corrompent, des nobles qui induisent en erreur, des inquisiteurs qui impriment plus encore l'épouvante que la crainte, l'Espagne a presque perpétuellement (depuis la destruction des Maures, vantés par les succès toujours croissants qu'ils obtinrent dans les sciences et dans les arts) baissé son front radieux sous le sceptre des horribles erreurs que les éternels ennemis de la liberté des nations n'ont cessé d'entretenir parmi les malheureux habitants de cette partie remarquable de l'Europe.

Si l'admirable peuple républicain d'Israël

s'observait d'un à dix, de dix à cent, et de cent à mille, en Espagne on s'observait souvent d'un à un, de deux à cinq, de cinq à vingt, et ainsi de suite. Les heureux, les fiers, mais sages ré=publicains Israélites avaient un corps de prêtres payés par le peuple, et ne pouvant rien posséder sous aucun prétexte ; les Espagnols n'ont pas eu, et n'ont pas même la faculté de payer leurs moines, qui se sont toujours payés et se paient eux-mêmes des deniers qu'ils arrachent à leur fatale crédulité ; puis les moines, cette caste féroce et orgueilleuse, possédant la majeure partie des terres, le reste appartient aux nobles. Les Israélites admettaient Dieu seul pour roi, la loi pour maître, et tous les naturels du pays pour défenseurs. Si d'une part telle a été la république Israélite, tel a été et tel est encore le système de gouvernement qui a régi et régit toujours l'intéressante et malheureuse patrie de Pélage. Tous les moyens d'y populariser les sciences, les arts, et d'agrandir le cercle des connaissances morales, ont constamment été interdits. Par exemple, les œuvres sublimes des Jean-Jacques, des Voltaire, des Diderot, des Helvétius, et celles d'autres classiques célèbres, ont presque toujours été défendues en Espagne. Les Espa=

gnols qui naguère lisaient un de ces immortels auteurs, étaient plongés dans les affreux cachots de l'inquisition, d'où ils ne sortaient le plus souvent qu'avec un signe infamant (un *san be= nito*), ou pour aller figurer dans un *auto-da-fé*.

D'après ce triste tableau de la péninsule, on voit que les hommes devaient nécessairement être victimes de leur propre raison, égarée depuis un temps immémorial par les nombreux jon= gleurs qui n'ont jamais cessé d'y pulluler de toutes parts.

Notre première et glorieuse révolution y a successivement porté la guerre, et avec elle les idées de liberté qui vont enfin y fructifier de nos jours. Ici, je ne crois pas convenable de traiter la question de savoir si les Espagnols firent bien ou mal d'opposer la résistance opiniâtre que nos légions rencontrèrent partout; je me bornerai purement et simplement à dire que l'homme du siècle n'eut, en faisant la guerre chez eux, que l'ambition d'arracher l'Espagne au fanatisme, de lui donner tout ce qu'elle veut, tout ce qu'elle a besoin présentement, et de la soustraire à l'in= fluence de nos amis actuels d'outre-mer. Cette guerre fit le malheur des deux peuples belli= gérants...

(8)

Qu'on ne m'objecte pas que l'amour seul de
la patrie arma les Espagnols contre nous ; ce se=
rait un mot vide de sens, dépourvu de justesse,
de vérité : celui qui soutiendrait cette thèse de
bonne foi, serait plus à plaindre qu'à blâmer ;
car on doit réellement plaindre les aliénés. La
puissance qui mit les armes entre les mains des
fiers et braves Espagnols, fut la puissance de
ces misérables dont la calotte, comme on l'a dit,
n'est et ne sera jamais l'éteignoir des passions,
et qui, pour peu qu'ils se sentent lésés dans leurs
prétendus droits, jettent le roseau de leur di=
vin législateur pour ceindre l'épée ; la puissance
de ces êtres qui, d'après certain jésuite, leur
faisait entendre que tuer n'était pas assassiner ;
la puissance de ces êtres enfin, qui donna un
caractère si cruel à la guerre dite de l'indépen=
dance. Voyez plus tard (en 1823) ces mêmes
Espagnols agir contre les troupes liberticides du
feu roi Louis XVIII, et vous serez étonné de
leur modération, de leur générosité envers les
soldats que le sort des armes faisait tomber en=
tre leurs mains (1). C'est qu'à cette époque,

(1) La cruauté fut du côté des factieux qui commirent des ac-
tes tellement barbares que ma plume se refuse à les décrire : les
prêtres les dirigeaient.....

grâce au contact qu'ils avaient eu avec nous,
ces hommes avaient déjà fait des pas de géant,
proportionnellement à ce qu'ils étaient aupara=
vant, dans la carrière des connaissances humai=
nes. Beaucoup d'Espagnols avaient encore plus
l'amour du bien dans le cœur que dans la bouche;
et s'ils n'ont pas mieux fait, c'est autant parce
qu'ils n'ont pas été soutenus, que parce qu'ils
n'avaient pas encore la masse indispensable des
connaissances intellectuelles, qu'il fallait qu'ils
eussent, pour apprécier convenablement la cause
sacrée de la liberté.

Non, non, les hommes capables ne s'impro=
visent pas, et sur-tout, quoiqu'on en puisse dire,
en matière de révolution, où toutes les théories
et les leçons du passé ne sont logées, dans le cer=
veau de l'homme, que comme idées secondaires
pour faire place *a la pratique.* Si j'avais besoin
de preuves pour faire triompher cette opinion,
qui triomphe par elle-même, j'interrogerais la
bonne foi, la timidité, l'irrésolution des hommes
qui sont ici au gouvernail du vaisseau de l'Etat,
et je parviendrais, sans peine, à établir que là
où l'on manie fort bien la parole, souvent on ne
sait que mettre de la confusion dans les choses.
Le seul Dupont de l'Eure, doté du titre glo=

rieux *d'intègre*, brille. Ainsi, qu'on cesse donc d'envisager la marche de la nation Espagnole par l'effet de la comparaison avec la marche des événements de notre première révolution ; car il y aurait autant de folie de procéder de la sorte, qu'il y en aurait à nous représenter les Persans, vainqueurs sous Cyrus, être les mêmes hommes vaincus sous Darius, par Alexandre.

Dans la guerre dite de l'indépendance, les Espagnols confondirent les idées de patrie avec le fanatisme que les prêtres sanguinaires entre= tenaient parmi eux; ils s'étaient comme privés de la vue à cette époque. En 1823, ils avaient, grâ= ces aux conquêtes déjà faites par eux sur la rai= son, un œil très bien ouvert ; et en 1830, ils y voient des deux! De façon qu'on peut, dès à présent, affirmer qu'aucune ophthalmie poli= tique ne les rendra plus aux ténèbres que le célèbre Mina, de concert avec ses braves com= pagnons d'armes, va dissiper pour toujours avec la pointe de son épée. L'Espagne marchant à la conquête de la liberté, marche aussi à celle de toutes les connaissances du siècle ; qu'on ne s'y méprenne pas.

Malgré ce tableau séduisant de la maturité, que je crois aussi réelle qu'apparente à la nation Es=

pagnole pour jouir des bienfaits de leur nouvelle révolution, il faut, pour me servir d'une fa=meuse idée d'un ancien patriote, qu'ils *abattent beaucoup de bois dans la fôret des préjugés, sans faire de fagots, s'il est possible ;* il faut qu'ils se pénètrent, cent fois pour une, que leur révolution ne doit point avoir la physio=nomie de notre dernière qui s'accomplit si diffici=lement, qu'on ne peut y penser sans la comparer à une femme qui accouche, et qui laisse crain=dre, à certains intervalles, que l'enfant n'é=touffe au passage (1), il faut, enfin, qu'ils

(1) Mais que les amis de la sainte cause des peuples se rassu-rent : pour le favoriser, le peuple héroïque et généreux est en observation; plusieurs de nos députés, de même que Lafayette, ce respectable vieillard, qui succombe encore plus sous le poids de sa gloire que sous celui des années et des affaires publiques, cet homme extraordinaire de qui mon ami Reynaud me disait déjà en 1823 qu'il fallait emprunter les traits pour les donner au génie de la liberté : puis, l'immortel soldat de Jemmapes est-il notre premier citoyen, notre roi pour rien ? Ah ! s'il voulait... d'un souffle, il ferait disparaître tous les traiteaux de la tyrannie qui sont encore en usage sur plusieurs points.

Au nom de l'humanité, au nom de la liberté, au nom de la gloire, la France, la belle France, désormais cette idole des na-tions, peut tout pour ses enfants et pour d'autres, quoique lui étant étrangers, qu'elle aime...

sachent que là où l'aristocratie existe et où les grandes propriétés ne sont pas converties en petites, la liberté ne peut y exister qu'en rêve. Des fous seuls peuvent en parler et y croire, sans la destruction de ces deux obstacles ! ! ! Donc, *guerre aux châteaux ! guerre aux couvents ! et paix aux chaumières* ! doit devenir la devise de toutes les nations qui veulent être libres et indépendantes. Cependant, loin de mon cœur tout outrage à l'humanité ! mais comment dépouiller tant de personnes sans soulever une multitude de boucliers contre les libertés naissantes des peuples qui secouent, que dis-je, qui brisent le joug honteux de l'esclavage ?

Un noble peut-il de bonne foi se regarder l'égal du vilain ? Peut-il ne pas conspirer avec les gens de sa caste pour ressaisir les privilèges que le peuple a détruits à son détriment ? Peut-il dire de cœur avec notre grand citoyen Chauvelin, *je m'appelle Pierre ou Basile, tout court ?* Ce sont des questions que je soumets aux méditations des philanthropes. Il s'en trouve, quoiqu'en disent les mauvaises langues, au moins cinq sur cent : « Ce sont les seuls hommes qui honorent l'homme »

Qu'il serait beau, qu'il serait grand, de pouvoir concilier toutes ces choses entre elles sans effusion de sang !!!

Comme le bon Bernardin-de-Saint-Pierre , j'aime à rêver au bonheur , à la félicité de tous mes semblables.

Mais au milieu de ces graves réflexions, gardons-nous de perdre de vue que ceux qui se mettent en avant pour faire une révolution, sont des misérables dignes du dernier supplice, s'ils n'agissent pour le peuple, rien que pour le peuple, et toujours pour le peuple. Alors le bien qu'ils procurent aux hommes l'emporte de beaucoup sur le mal passager qu'ils leur font.

Ils sont aussi coupables en ne faisant pas tout le bien qu'ils peuvent et qu'ils doivent faire à leurs semblables , qu'en ne punissant pas les traîtres et les hypocrites qui ne visent qu'à tout replonger dans le cahos. Ils ne peuvent trop se hâter de mettre de l'ordre dans le désordre; mais malgré tout, ils doivent se garder d'arrêter trop tôt l'élan généreux du peuple qui veut se dégager par un coup de vigueur de tout ce qui s'oppose à l'établissement durable de sa félicité.

Lorsque la nature envoie une crise heureuse à un malade, le médecin doit se garder de l'arrêter, sous peine de compromettre l'existence de celui qu'il doit sauver.

L'Espagne rajeunie ne peut être heureuse, ne peut être *vraiment* et sûrement libre, indé= pendante, belle et forte, qu'aux conditions ci-après :

1°. Changement de dynastie, si elle doit encore être régie par des rois ;

2°. Suppression de la noblesse et des moines ;

3°. Destruction des grandes propriétés pour en établir une multitude de petites ;

4°. Egalité des citoyens devant la loi ;

5°. Carrière ouverte à tous les genres de mérite ;

6°. La liberté des cultes et le mariage des prêtres ; (1)

(1) Dans la seconde partie de cet ouvrage, je me réserve de donner tout le développement que consciencieusement je croirai néces- saire à cette grave proposition, afin de porter la conviction dans l'esprit de ceux qu'elle intéresse, qu'il y a nécessité absolue d'en user de la sorte si l'on veut détruire le scandale que le célibat des prêtres n'établit que trop souvent au sein des familles, et donner à la religion catholique cette physionomie de bonne foi qu'on lui souhaite depuis si long-temps.

Pour soutenir l'opinion que j'émets à cet égard, j'aurai, j'en suis certain, toutes les personnes qui ne sont pas brouillées avec la raison. Je n'ose me flatter d'opérer la conversion des bonnes

7°. La liberté de l'instruction publique ;

8°. La faculté à la nation de se choisir des magistrats, à l'armée de se choisir des chefs.

Moyennant ces conditions générales, l'Espagne, qui depuis un temps immémorial est comme nulle dans la balance européenne, reprendra parmi les peuples le rang qu'elle y occupait jadis, et comme par enchantement se donnera une armée de terre et de mer, puis une administration qui ne fera pas un pillage révoltant dans les caisses publiques : l'Espagne sera forte au dedans, et respectée au dehors.

Une chose unique pourrait retarder l'accomplissement des destinées heureuses qui lui sont réservées : c'est si elle avait l'imprudence de vouloir reconquérir ses îles, qui sont depuis des

femmes qui ont vingt ou trente ans de confessional, et qui traitent de jacobins ceux qui parlent de rétablir la loi du divorce qui devrait déjà l'être ; ces braves femmes, de même que certains hommes, doivent continuer d'être la pâture de ceux qui dirigent les maisons sans cheminées, comme nos corps sont celle des vers ; malgré moi, je les abandonne à leur triste sort, puisqu'il n'y a plus moyen de les rendre à la lumière.

Soit dit en passant, un de mes amis, jeune espagnol plein d'esprit et d'amabilité, m'assure qu'il ne consentira jamais à se marier dans sa patrie, tant que l'usage d'y confesser y sera préconisé, et que la sage loi du divorce n'y sera pas mise en vigueur.

années établies en républiques. Alors, la guerre deviendrait en quelque sorte interminable, et finirait, peut-être, par lui devenir funeste ; car les moines et les esprits faibles qu'ils mettent en jeu, profitant d'une occasion favorable, pourraient fort bien remettre leurs poignards à l'évent, et faire entendre de nouveau des cris de mort contre tous les amis de la Liberté : je sais *par expérience* ce qu'ils peuvent et font en pareil cas.

L'Espagne de 1830 n'est point, malheureusement pour les lumières, la France de la même année ; elle ne peut donc être trop prudente dans la conduite de ses affaires extérieures, et se rappeler que souvent les causes les plus insignifiantes produisent parfois les plus grands effets.

Ici, avec une hésitation, une timidité palpables, on ne court aucun danger de la part des jésuites et consorts, tant le terrain sur lequel nos hommes d'état opèrent, est favorable au développement de tout ce qu'il nous faut pour consolider le système de gouvernement représentatif que nous voulons ! La main de fer du peuple instruit et héroïque enchaîne ces misérables que la joie commune afflige. Mais encore une fois, l'Espagne n'est pas la France, et elle ne peut trop se garder de nous imiter sous ce dernier point de vue.

Pour simplifier l'organisation de l'armée, des tribunaux, etc., etc., il faut, aussitôt que les vertus l'emporteront sur les vices, faire ce qu'on a négligé de faire ici, c'est-à-dire table rase, si je puis parler de la sorte, et sur le champ réunir le peuple dans chaque commune, afin qu'il désigne les plus capables et les plus estimables pour prendre possession des emplois vacants ; il faut que l'armée se choisisse ses chefs. Procédant de la sorte, les choix ne seront sujets à aucune contestation, basés sur ce que le peuple, l'armée ne peuvent jamais se tromper, que tout ce qui vient de cette source pure doit être l'objet du respect de tous.

De cette façon, le peuple sera en Espagne compté pour quelque chose : phénomène assez rare en 1830.

Ce système d'organisation fermera les voies de la fortune aux intrigants, aux délateurs, et les ouvrira aux hommes vertueux : *il y aura justice pour les individus, et sûreté pour l'état.* Du reste, que dirait-on de vous, Espagnols, si, renonçant à l'avantage de ce système de réorganisation, vous vous ménagiez la honte de transformer vos nobles proscrits en solliciteurs, pour leur accorder quoi ? *Ce qu'ils auraient pu conserver, s'ils ne se fussent rappelés qu'ils étaient, comme ils sont, patriotes purs.*

Espagnols, dans vos propres intérêts, daignez goûter ces réflexions ; elles vous sont faites par un de vos amis, par un de ces Français qui, méprisant les dangers, ont, en 1823, fait flotter dans les airs l'immortel drapeau tricolore à côté de l'étendard castillan. Vous combattiez pour le bonheur de tous les peuples, et cette noble cause fut la leur ; puisque votre sol fut, en dernière analyse, le sol sur lequel la liberté s'assit ; vos succès, vos désastres, furent les leurs : pourraient-ils demeurer indifférents au triomphe qui vous attend !

Le lion est brave, généreux, mais il ne craindra jamais les descendants de Lycaon : agissez donc.

Que la sagesse et la fermeté président à toutes vos actions ; que la discorde ne vous divise pas une seconde (vos ennemis ne seront pas tous anéantis, car les patriotes espagnols ne sont pas plus des meurtriers que les patriotes français) ; que cet esprit de perspicacité qui vous distingue vous fasse voir, une fois pour toutes, que l'union fait la force, que sans cette vertu vous vous

exposerez à supporter les terribles conséquences
des partis qui s'attaquent aveuglément : elles
sont presque toujours le tombeau de la liberté.

O Espagnols ! s'il y a, comme nos journaux
nous l'annoncent, des passions qui vous divisent,
faites-en promptement le sacrifice à votre chère
patrie, à cette belle et malheureuse Espagne
qui vous tend les bras. Réunis, vous serez forts,
vous triompherez facilement de vos indignes
adversaires. — Honneur, mille fois honneur au
chef qui fera une démarche pour atteindre ce noble
but ! On peut aussi bien s'immortaliser de cette
façon que par les armes, puisque le pacificateur
généreux de vos débats peut précipiter le jour
qu'éclairera pour vous la victoire.

FIN.

IMPRIMERIE D'HIPPOLYTE TILLIARD, RUE DE LA HARPE, N. 88.

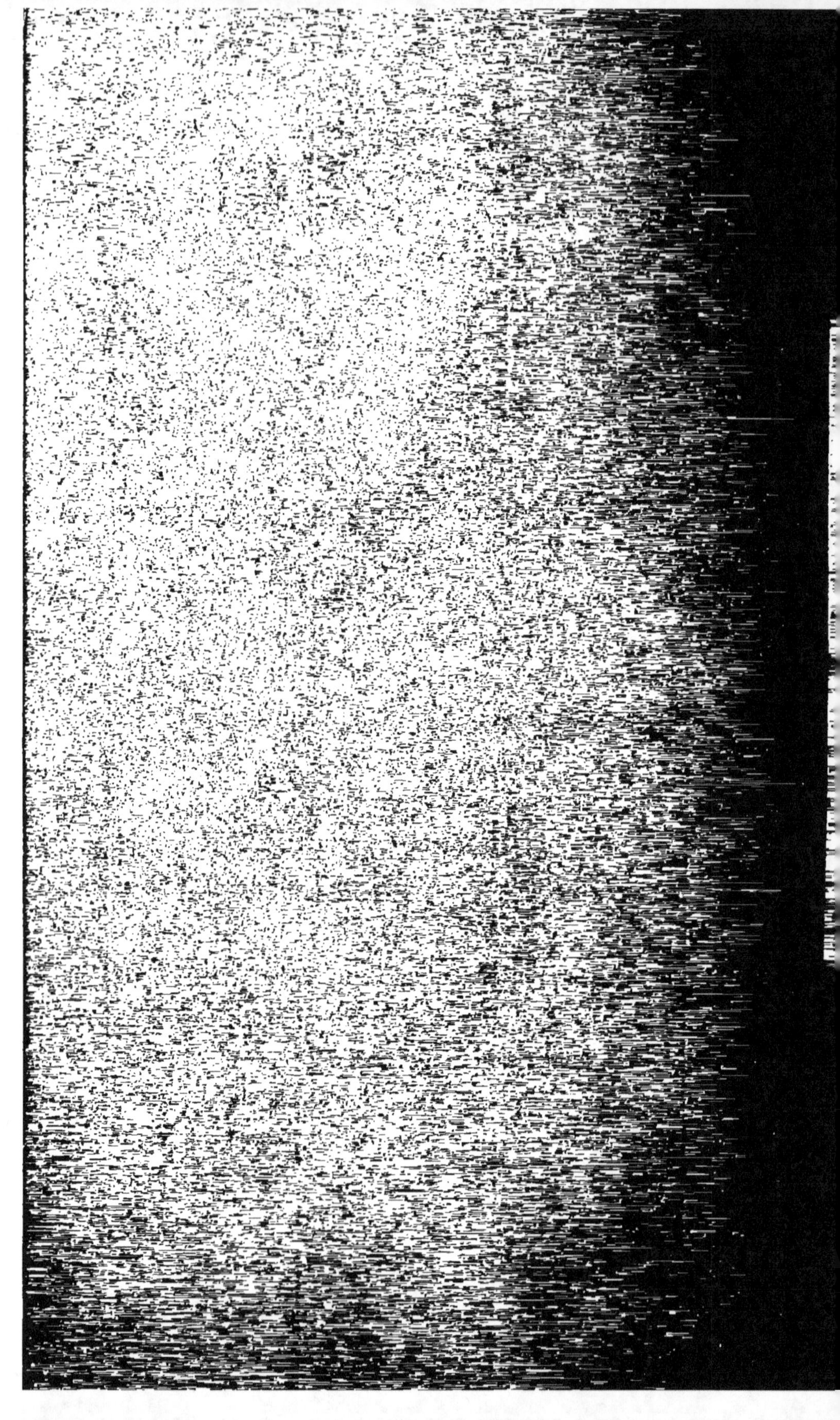